한국특수교육진흥협회 추천 교재

느린 학습자를 위한 인지학습 워크북 1

저자. 정하나 | 유선미 | 민달팽이교재연구회

• 언어발달 활동 교재 •

도서출판 민달팽이

머 / 리 / 말

    지적장애 및 자폐스펙트럼 아동의 인지적 개입은 이들의 일상생활 적응에 있어 가장 기초적이고 중요한 치료/교육 영역이다. 이에 학습문제에 대한 개입 시, 많은 치료사와 교사, 부모들은 보다 아동들이 즐겁게 참여할 수 있으며, 이들의 수준 및 인지적 특성이 고려된 다양한 활동에 대한 필요성에 대해 이야기 해왔다.

    아동학 박사인 저자들 또한 오랜 임상경험을 바탕으로 지적장애 및 자폐스펙트럼 아동들이 비교적 잘 계획되고 조직화된 활동을 통해 인지적 개입의 목표와 전략을 쉽게 이룰 수 있을 뿐만 아니라, 개입의 지속성을 높일 수 있는 워크북에 대한 고민이 많았다. 그리고 때마침 장애아동을 위한 교육 사업에 힘쓰고 있는 민달팽이사회적협동조합을 만나 이 책을 준비하게 되었다.

    다양한 학습활동이나 전략이 제시된 훌륭한 책들이 없지 않으나, 보다 지적장애 및 자폐스펙트럼 아동의 인지적 기능 증진을 위한 구성이 필요하다는 이유에서 오랜 고심 끝에 이 책을 내 놓게 되었다. 다만, 임상 및 교육 장면에서 학습치료적 개입에 대한 전문적인 요구가 증가하고 있기 때문에, 이 책이 치료사, 교사들에게 단순하게 쓰이기보다는 각 아동의 발달 및 인지적 특성을 고려하여 보다 개별적이며 창의적으로 활용되기를 바란다.

    마지막으로 이 책을 더욱 빛나게 써주실 치료사, 교사, 부모에게 먼저 응원의 인사를 전하며, 이 책이 나올 수 있도록 지지해준 민달팽이사회적협동조합에도 깊은 감사의 마음을 전한다.

2020년 9월

정하나, 유선미

언어 발달 향상을 위한 활동

1. 언어자극 이해하기 ········ 6
2. 어휘력 향상하기 ········ 24

1권
언어 발달 향상을 위한 활동

1 듣고 이해하기 : 이야기 듣고 답하기

어제 저녁 재민이는 놀이터에서 놀다가 시계를 잃어버렸다.

누가 : _____   어디서 : _____

언제 : _____   무엇을 : _____

오늘 수학학원에서 민하와 민재는 시험을 본다.

누가 : _____   어디서 : _____

언제 : _____   무엇을 : _____

 # 언어적 자극 이해하기

1 듣고 이해하기 : 이야기 듣고 답하기

지난 주 승찬이는 태민이네를 가다가 넘어졌다.

누가 : _____   어디서 : _____

언제 : _____   무엇을 : _____

다음 주 월요일 가족들이랑 놀이 동산에 가기로 했다.

누가 : _____   어디서 : _____

언제 : _____   무엇을 : _____

1권
언어 발달 향상을
위한 활동

1 듣고 이해하기 : 지시에 따라 사물 가리키기

책상을 가리켜보세요.

문어를 가리켜보세요.

 언어적 자극 이해하기

1 듣고 이해하기 : 지시에 따라 사물 가리키기

학교를 가리켜보세요.

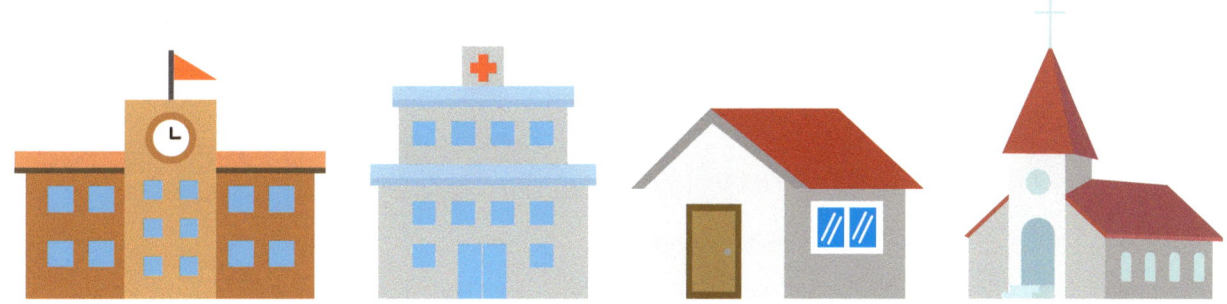

버스를 가리켜보세요.

1권
언어 발달 향상을 위한 활동

 듣고 이해하기 : 지시에 따라 가리키기

1. 모래놀이를 하고 있는 친구

2. 그네를 타고 있는 친구

3. 줄넘기를 하고 있는 친구

4. 미끄럼틀을 타고 있는 친구

5. 시소를 타고 있는 친구

1 언어적 자극 이해하기

1 듣고 이해하기 : 지시에 따라 가리키기

1. 파란 옷을 입고 있는 친구
2. 줄무늬 옷을 입고 있는 친구
3. 갈색 옷을 입고 있는 친구
4. 손을 흔들고 있는 친구들은 몇 명일까요?
5. 여자는 모두 몇 명일까요?

1권 언어 발달 향상을 위한 활동

1 듣고 이해하기 : '가장 적은', '가장 적은', '조금' 지시문

사과가 '가장 많은', '가장 적은', '조금'

사탕이 '가장 많은', '가장 적은', '조금'

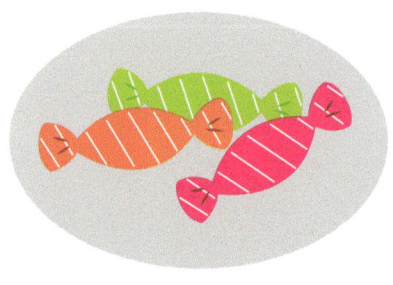 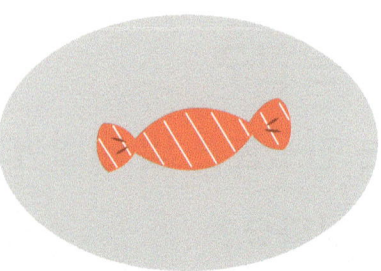 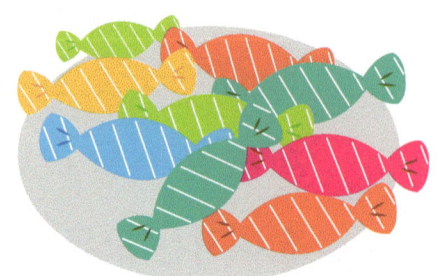

1 언어적 자극 이해하기

1 듣고 이해하기 : '가장 적은', '가장 적은', '조금' 지시문

여자가 '가장 많은', '가장 적은', '조금'

동물이 '가장 많은', '가장 적은', '조금'

1권
언어 발달 향상을 위한 활동

1. 듣고 이해하기 : 끝소리 다른 단어 찾기

과일	책상	요일
과자	과일	연필
빨강	파랑	초록
엄마	아빠	동생
노래	벌레	발레
국어	수학	과학
병원	치과	안과

 언어적 자극 이해하기

1 듣고 이해하기 : 끝소리 다른 단어 찾기

| 가방 | 필통 | 물통 |

| 프린터기 | 컴퓨터 | 전화기 |

| 찹쌀떡 | 인절미 | 꿀떡 |

| 잘했어 | 수고했어 | 사랑해 |

| 짜장면 | 짬뽕 | 라면 | 탕수육 |

| 유치원 | 학교 | 어린이집 | 학원 |

| 수영장 | 키즈카페 | 스키장 | 놀이터 |

**1권
언어 발달 향상을 위한 활동**

1 듣고 이해하기 : 두 문장 이어서 읽기

1
오늘은 내 생일입니다.
아빠가 선물을 사 오셨습니다.
➡ 오늘은 내 생일입니다. 그래서 아빠가 선물을 사 오셨습니다.
➡ 오늘은 내 생일이라서 아빠가 선물을 사 오셨습니다.

2
신호등에 초록불이 켜졌습니다.
횡단보도를 건넜습니다.
➡ 신호등에 초록불이 켜졌습니다. 그래서 횡단보도를 건넜습니다.
➡ 신호등에 초록불이 켜져서 횡단보도를 건넜습니다.

3
유치원에 가는 날인데 배가 아팠습니다.
병원에 갔습니다.
➡ 유치원에 가는 날인데 배가 아팠습니다. 그래서 병원에 갔습니다.
➡ 유치원에 가는 날인데 배가 아파서 병원에 갔습니다.

1 언어적 자극 이해하기

1 읽고 이해하기 : 두 문장 이어서 읽기

1
미끄럼틀을 타려고 줄을 섰습니다.
친구가 새치기를 했습니다.
➡ 미끄럼틀을 타려고 줄을 섰습니다. 그런데 친구가 새치기를 했습니다.
➡ 미끄럼틀을 타려고 줄을 섰는데 친구가 새치기를 했습니다.

2
친구들과 영화를 보는데 떠들었습니다.
엄마가 조용히 하라고 하셨습니다.
➡ 친구들과 영화를 보는데 떠들었습니다. 그러자 엄마가 조용히 하라고 하셨습니다.
➡ 친구들과 영화를 보는데 떠들자 엄마가 조용히 하라고 하셨습니다.

3
아빠가 과자를 사오셨습니다.
동생이 과자을 혼자 다 먹어버렸습니다.
➡ 아빠가 과자를 사오셨습니다. 그런데 동생이 혼자 다 먹어버렸습니다.
➡ 아빠가 과자를 사오셨는데 동생이 혼자 다 먹어버렸습니다.

1권
언어 발달 향상을 위한 활동

2 읽고 이해하기 : 수수께끼 단서를 읽고 추론하기

더울 때 사용해요.	●	●	지우개
몇 시인지 알고 싶을 때 봐요.	●	●	풍선
딱딱하고 차가워요.	●	●	얼음
글씨를 틀렸을 때 사용해요.	●	●	부채
바람을 불면 커져요.	●	●	시계
밖으로 나갈 때 신어요.	●	●	숟가락
밥 먹을 때 사용해요.	●	●	로션
세수를 하고 나서 얼굴에 발라요.	●	●	신발

 언어적 자극 이해하기

2 읽고 이해하기 : 수수께끼 단서를 읽고 추론하기

친구가 도움을 줘서 드는 마음이에요. ●	● 억울한
무엇인가 알고 싶은 마음이에요. ●	● 화난
친구가 갑자기 소리를 질렀을 때 드는 마음이에요. ●	● 속상한
그리워하던 친구를 만났을 때 드는 마음이에요. ●	● 신나는
친구랑 놀이터에서 놀았을 때 드는 마음이에요. ●	● 반가운
바라던 일이 내 마음대로 되지 않았을 때 드는 마음이에요. ●	● 놀란
친구가 계속 놀렸을 때 드는 마음이에요. ●	● 궁금한
아무 잘못 없이 혼났을 때 드는 마음이에요. ●	● 고마운

1권 언어 발달 향상을 위한 활동

1. 읽고 이해하기 : 수수께끼 단서를 읽고 추론하기

선풍기	1. 여름에 필요한 물건이에요. 2. 시원한 바람이 나와요. 3. 날개가 돌아가요.
세탁기	1. 깨끗하게 만들어줘요. 2. 가전제품이에요. 3. 옷 이외에 다른 물건을 넣을 수가 없어요.
까치	1. 하늘을 날아다녀요. 2. 견우와 직녀를 만나게 해줬어요. 3. 설날에 이 새에 대한 노래를 불러요.
치약	1. 우리의 이를 깨끗하게 해줘요. 2. 하루라도 안하게 되면 썩게 되요. 3. 어른용과 어린이용이 달라요.
우유	1. 먹을 수 있어요. 2. 먹으면 뼈가 단단해져요. 3. 하얀색의 액체에요.
학교	1. 8세가 되면 가는 곳이에요. 2. 이곳에는 선생님과 친구들이 있어요. 3. 여러 가지 공부를 배우는 곳이에요.

1 언어적 자극 이해하기

2 읽고 이해하기 : 수수께끼 단서를 읽고 추론하기

| 추석 | 1. 송편을 만들어 먹어요.
2. 이날에는 강강술래, 줄다리기, 소싸움, 씨름 등 전통놀이를 해요.
3. 음력으로 팔월 보름을 일컫는 말이에요. |

| 어린이날 | 1. 어린이들을 위한 날이에요.
2. 방정환 선생님이 주축이 되어 만들었어요.
3. 이날이 지나고 나면 어버이날이 다가와요. |

| 결혼식 | 1. 남녀가 정식으로 부부가 되는 관계를 맺는 의식이에요.
2. 여자는 웨딩드레스를 입어요.
3. 많은 사람들이 축하를 해줘요. |

| 비행기 | 1. 이걸 타면 아주 먼 곳도 갈 수 있어요.
2. 하늘 위를 날아요.
3. 새의 모양처럼 날개가 있어요. |

| 홍수 | 1. 비가 많이 내려서 피해를 입히는 자연재해에요.
2. 단기간이나 장기간 지속되는 집중호우 때문에 발생해요.
3. 여름에 발생해요. |

| 병원 | 1. 이곳은 아플 때 가는 곳이에요.
2. 이곳에 가면 주사를 맞을 수 있어요.
3. 의사 선생님과 간호사 선생님이 계시는 곳이에요. |

1권 언어 발달 향상을 위한 활동

2 읽고 이해하기 : 어울리지 않는 말 찾기

1. 언니는 줄넘기를 별로 잘 합니다.

2. 어제는 할아버지가 우리 집에 오실 겁니다.

3. 영주는 내일 수학시험을 봤습니다.

4. 할머니가 준우 생일에 장남감을 뺏었습니다.

5. 상준이는 저녁에 사탕과 과자를 먹을 것입니다.

6. 동생이 나를 자꾸 때려서 기분이 활짝 나빴습니다.

7. 몸이 튼튼해지기 위해 운동을 반짝반짝 해야 합니다.

8. 야구경기에서 이겨서 우리 가족은 정말 억울했습니다.

9. 민준이는 엄마의 말을 잘 들어서 혼났습니다.

1 언어적 자극 이해하기

2 읽고 이해하기 : 어울리지 않는 말 찾기

1. 상준이는 영화가 재미없어서 활짝 웃었습니다.

2. 명수는 감기에 걸려 치과에 갔습니다.

3. 민호는 친구들과 놀이터에서 놀고 싶었는데 학원에 가야 해서 기뻤습니다.

4. 전학간 친구를 오랫만에 만나서 짜증났습니다.

5. 주희는 친구들이랑 놀다가 웃음을 껴서 부끄러웠습니다.

6. 어린이날 카네이션을 달아드렸다.

7. 수민이는 지수를 좋아하는데 지수를 볼 때마다 자랑스러워서 말도 건네지 못했다.

8. 예인이가 방울 토마토를 화분에 심었다. 방울 토마토가 말랑말랑 자랐다.

9. 민지가 희선이의 그림을 보고 "너무 잘 그렸다"라고 놀렸다.

1권 언어 발달 향상을 위한 활동

1 어휘의 기본활동 : 음소 합쳐서 단어 만들기

1. ㅅㅏㄱㅗㅏ →
2. ㄴㅗㄹㅐ →
3. ㅅㅓㄴㅅㅐㅇㄴㅣㅁ →
4. ㅈㅔㅈㅜㄷㅗ →
5. ㅅㅜㅇㅛㅇㅣㄹ →
6. ㅈㅏㅇㅏㄴㄱㅏㅁ →
7. ㅌㅔㄹㄹㅔㅂㅣㅈㅓㄴ →
8. ㅅㅗㅍㅜㅇ →

2 어휘력 향상하기

1 어휘의 기본활동 : 음소 합쳐서 단어 만들기

1. ㅅㅣㄴㅐㅅㅁㅜㄹ ➡
2. ㅅㅡㅋㅔㅇㅣㅌㅡ ➡
3. ㅅㅣㅁㅅㅜㄹㅈㅐㅇㅇㅣ ➡
4. ㅊㅣㅇㅊㅏㄴ ➡
5. ㅎㅐㅇㅗㅣㅇㅕㅎㅐㅇ ➡
6. ㄱㅏㅁㅈㅓㅇㅍㅛㅎㅕㄴ ➡
7. ㅅㅜㅇㅕㅇㅈㅏㅇ ➡
8. ㅁㅗㄹㅐㄴㅗㄹㅇㅣㅌㅓ ➡

1권 언어 발달 향상을 위한 활동

1 어휘의 기본활동 : 음소 합쳐서 단어 만들기

1. ㅓㄱㅈㅓㅇㅎㅏㄷㅏ ➡
2. ㄱㅗㅁㅏㅂㄷㅏ ➡
3. ㄱㅜㅇㄱㅡㅁㅎㅏㄷㅏ ➡
4. ㄱㅜㅣㅇㅕㅂㄷㅏ ➡
5. ㄱㅜㅣㅊㅏㄴㅎㄷㅏ ➡
6. ㄴㅗㄹㄹㅏㄷㅏ ➡
7. ㅁㅏㅇㅅㅓㄹㅇㅣㄷㅏ ➡
8. ㅁㅜㅅㅓㅂㄷㅏ ➡

2 어휘력 향상하기

1 어휘의 기본활동 : 음소 합쳐서 단어 만들기

1. ㅁㅣㅇㅏㄴㅎㅏㄷㅏ ➡
2. ㅂㅏㄴㄱㅏㅂㄷㅏ ➡
3. ㅂㅜㄹㅓㅂㄷㅏ ➡
4. ㅂㅜㄹㅍㅕㄴㅎㅏㄷㅏ ➡
5. ㅇㅓㄱㅇㅜㄹㅎㅏㄷㅏ ➡
6. ㅎㅐㅇㅂㅗㄱㅎㅏㄷㅏ ➡
7. ㅅㅗㄱㅅㅏㅇㅎㅏㄷㅏ ➡
8. ㅎㅜㅎㅗㅣㅎㅏㄷㅏ ➡

1권 언어 발달 향상을 위한 활동

1 어휘의 기본활동 : 음절수대로 박수치기

1	공 / 떡 / 물 / 몸
2	책상 / 사과 / 과자 / 이불
3	선생님 / 색연필 / 무지개 / 신발장
4	학교 / 의자 / 책상 / 칠판
5	화장실 / 음악실 / 컴퓨터실 / 운동장
6	연필 / 공책 / 지우개 / 필통
7	엄마 / 아빠 / 누나 / 형
8	할머니 / 할아버지 / 오빠 / 나

 어휘력 향상하기

1 어휘의 기본활동 : 음절수대로 박수치기

1. 시소 / 그네 / 미끄럼틀 / 놀이터
2. 떡 / 빵 / 과자 / 음료수
3. 우유 / 두유 / 물 / 오렌지주스
4. 쇼파 / 이불 / 테이블 / 거실
5. 초등학교 / 어린이집 / 유치원 / 중학교
6. 트라이앵글 / 엘리베이터 / 계단
7. 테니스 / 달리기 / 배드민턴 / 야구
8. 바람개비 / 비눗방울 / 풍선

1권 언어 발달 향상을 위한 활동

1 어휘의 기본활동 : 흉내 내는 말 찾기

덩실덩실   살랑살랑   콜록콜록

꿈틀꿈틀   꾸벅꾸벅   엉엉

1. 민수는 슬퍼서……
2. 수업시간에 졸려서……
3. 바람이……
4. 어깨가……
5. 지렁이를 밟으니……
6. 기침이…….

어휘력 향상하기

1 어휘의 기본활동 : 음절수대로 박수치기

꼬불꼬불   깜깜   꿀꿀

깔깔   허둥지둥   살금살금

1. 파마한 수민이 머리가……

2. 동굴에 들어가니……

3. 돼지가……

4. 아빠의 이야기가 너무 웃겨……

5. 아침에 늦게 일어나서……

6. 아기가 깰까봐……

1권 언어 발달 향상을 위한 활동

1 어휘의 기본활동 : 흉내 내는 말 찾기

소리를 흉내 내는 말 :

째각째각, 부릉부릉, 콜록콜록, 개굴개굴

2 어휘력 향상하기

1 어휘의 기본활동 : 흉내 내는 말 찾기

모양을 흉내 내는 말 :

아장아장, 엉금엉금, 주렁주렁, 모락모락

1권 언어 발달 향상을 위한 활동

1 어휘의 기본활동 : 흉내 내는 말 찾기

끄덕끄덕
사각사각   쿵쾅쿵쾅
쏙싹쏙싹   살랑살랑   짤랑짤랑
반짝반짝   꿈틀꿈틀

모양을 흉내 내는 말
1
2
3

소리를 흉내 내는 말
1
2
3

2 어휘력 향상하기

1 어휘의 기본활동 : 흉내 내는 말 찾기

살금살금
부르럭부스럭   훌짝훌짝
꿀꺽꿀꺽   덩실덩실   우당탕
지끈지끈   펄떡펄떡

모양을 흉내 내는 말
1.
2.
3.

소리를 흉내 내는 말
1.
2.
3.

1권 언어 발달 향상을 위한 활동

1 어휘의 기본활동 : 형용사를 사용하여 말하기

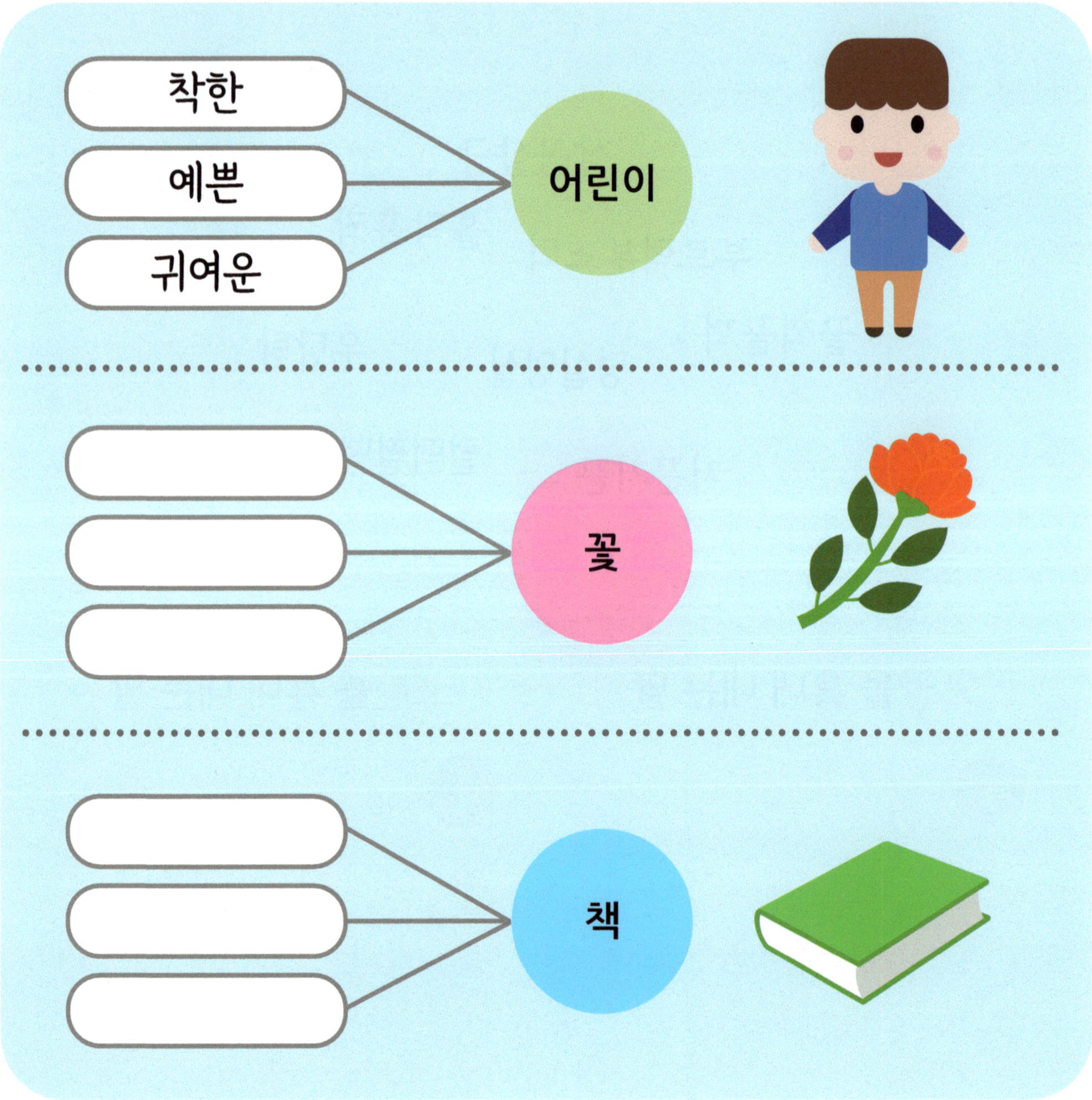

- 착한
- 예쁜
- 귀여운

→ 어린이

→ 꽃

→ 책

2 어휘력 향상하기

1 어휘의 기본활동 : 형용사를 사용하여 말하기

학교

자동차

친구

1권 언어 발달 향상을 위한 활동

1 어휘의 기본활동 : 형용사를 사용하여 말하기

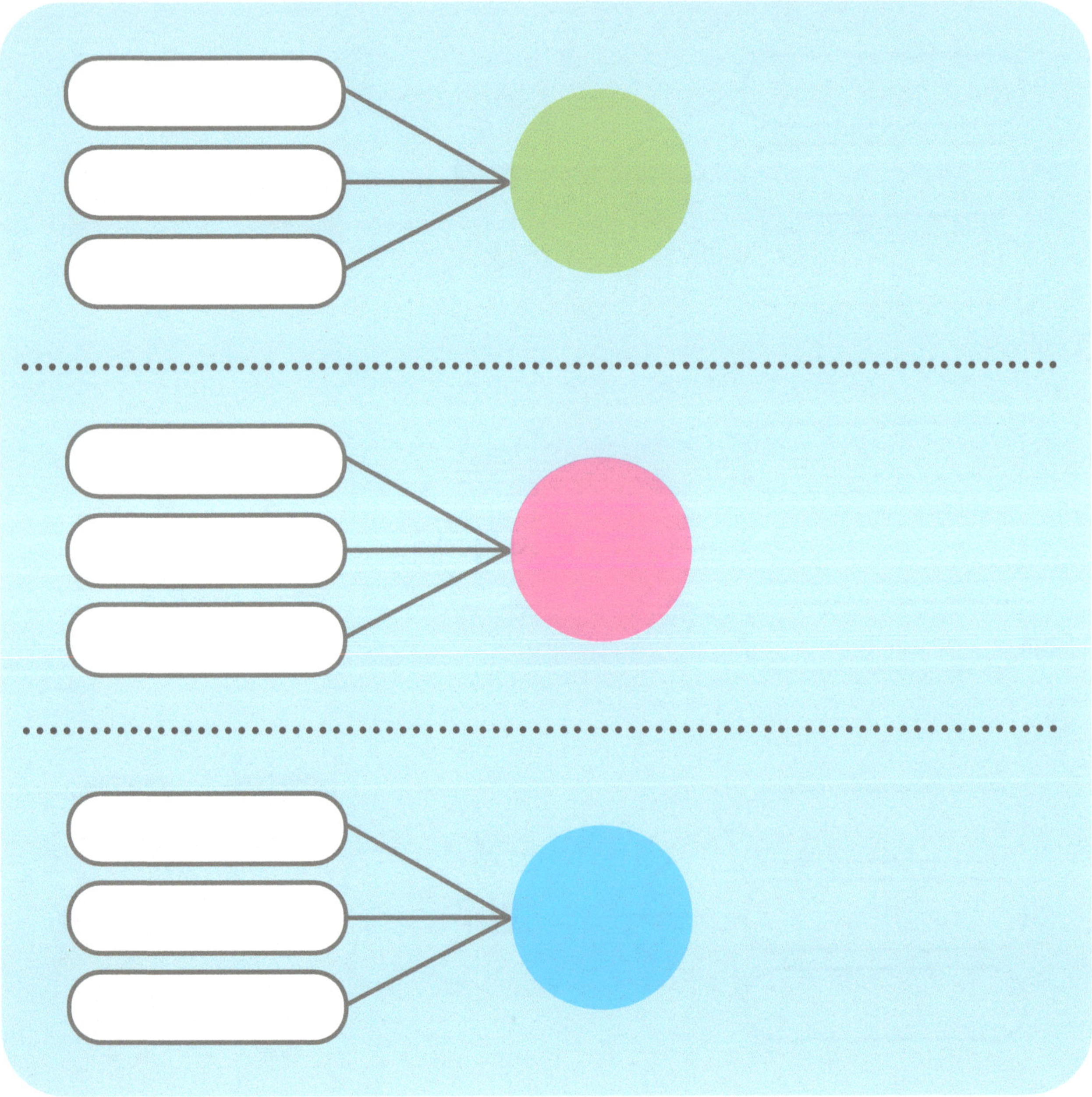

2 어휘력 향상하기

1 어휘의 기본활동 : 형용사를 사용하여 말하기

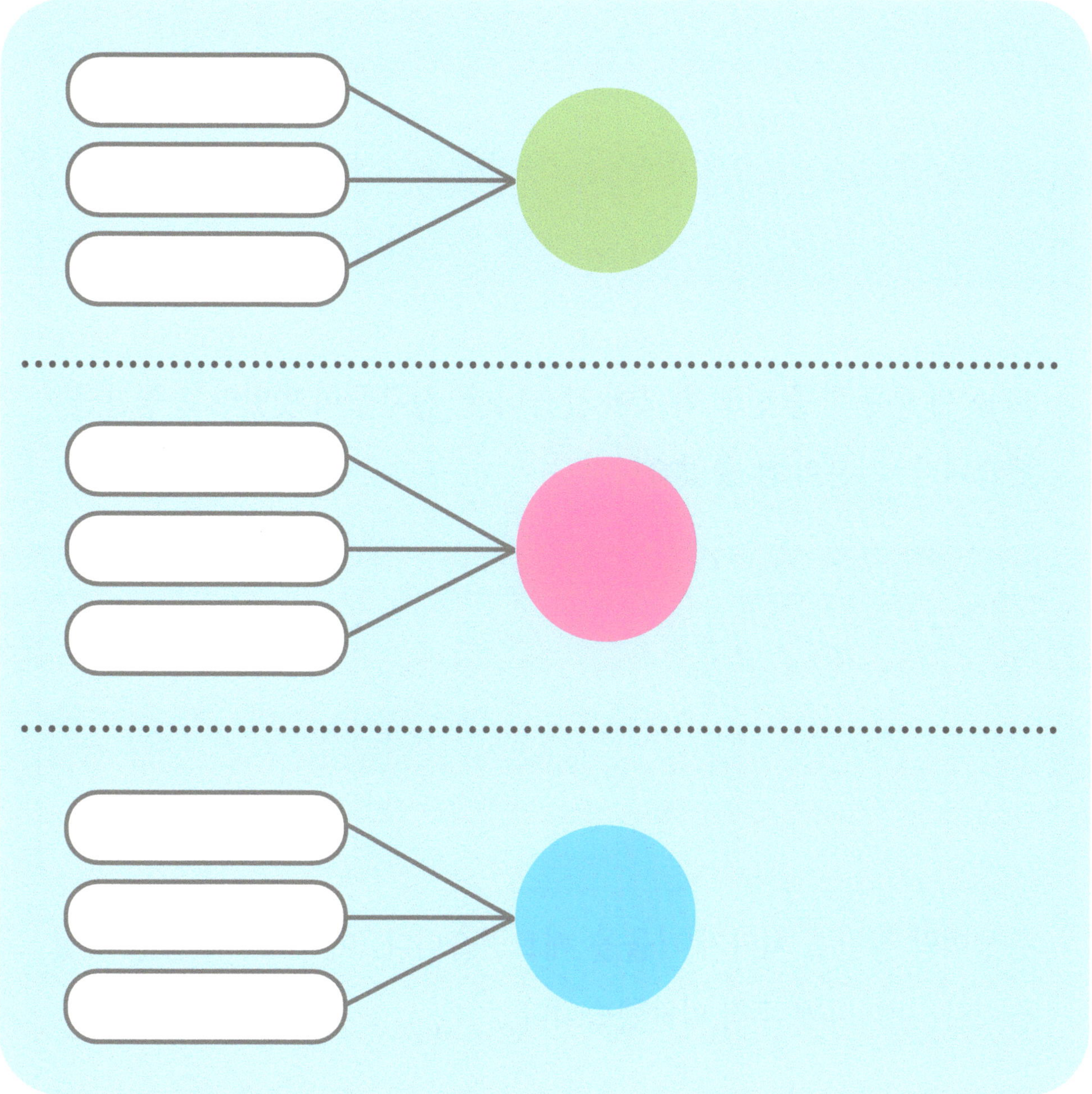

**1권
언어 발달 향상을
위한 활동**

1 어휘의 기본활동 : 이야기의 순서에 맞게 그림그리기

오늘 새 운동화를 신고 학교에 갔습니다. 친구들이 멋있다고 칭찬을 했습니다. 기분이 참 좋았습니다.

동생이랑 장난을 치다가 거울을 깨트렸습니다. 어머니가 꾸중을 하셨습니다. 어머니께 무척 미안했습니다.

어휘력 향상하기

1 어휘의 기본활동 : 이야기의 순서에 맞게 그림그리기

아버지께서 로보트를 선물로 사 주셨습니다. 내가 참 갖고 싶었던 것이었습니다. 나는 아버지의 볼에 뽀뽀를 했습니다.

오늘 만들기 준비물을 챙겨 가지 않았습니다. 다른 친구들이 만들 때 그냥 책상만 쳐다보았습니다. 짝꿍이 준비물을 빌려주었습니다.

1권
언어 발달 향상을 위한 활동

1 어휘의 기본활동 : 이야기의 순서맞추기

체육시간에 줄넘기를 했습니다. 내가 제일 많이 했습니다. 선생님께서 잘했다며 칭찬해주셨습니다.

아침에 늦게 일어나 뛰어 갔지만 학교에 지각을 했습니다. 교실에 들어갈 때 얼굴이 빨개졌습니다.

어휘력 향상하기

1 어휘의 기본활동 : 이야기의 순서에 맞게 그림그리기

점심시간에 급식을 받으려고 줄을 서있었습니다. 민수가 새치기를 해서 하지 말라고 했더니 민수가 화를 냈습니다.

자전거를 타고 가다가 넘어졌습니다. 다리에서 피가 나서 아팠습니다. 집에 와서 엄마가 약을 발라주셨습니다.

민달팽이 사회적 협동조합 소개

민달팽이 사회적 협동조합은

서로 부족하면 돕고

서로 풍족하면 나누며

누구나 가지고 있는 꿈과 희망을

그려볼 수 있는 기회가 있는

열린 사회적 협동조합을 지향합니다.

장애 아동 학습 지원 서비스, 장애인 주간보호 센터, 장애인 활동 지원,

특수아동지도사 양성교육, 장애인 문화, 예술사업을 통해 장애와 비장애인이

함께하는 디아코니아를 만들어 나가고 있습니다.

느린학습자를 위한 교재 시지즈

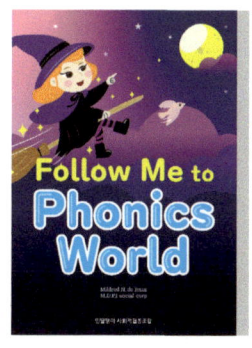

Follow Me to Phonics World

스스로 학습하고 따라 하기가 어려운 느린 학습 아동들의 학교 공부를 따라갈 수 있도록 이해하기 쉬운 설명과 재미있는 문구로 제작된 영어 교재

스피킹 UP

느린 학습자 권장 영어 말하기 교재로 간단한 문법 공부와 문제들을 통해 일상생활에서 자주 쓰이는 회화들을 배우며 말하기까지 터득할 수 있는 교재

자신감시리즈 1, 2, 3, 4

장애를 가진 느린 학습 아동들이 재밌는 활동을 통해 자연스럽게 자신감을 키울 수 있도록 제작된 단계별 교재

징검다리 시리즈 1, 2, 3, 4

느린 학습 아동들이 한 걸음씩 단계별로 공부할 수 있도록 짜여진 국어 교재

글	정하나 · 유선미 · 민달팽이사회적협동조합
편집인	김정희
기획/편집	문상희
사진/엮음	문수진
디자인	오은정

펴낸곳	민달팽이 사회적협동조합
주소	인천시 남동구 만수서로37번길 55 하영빌딩 2층
전화	032-472-0123
팩스	032-472-0021
등록	제353-2019-000019호

ISBN 979-11-93352-01-4
ISBN 979-11-93352-00-7 (세트)

*이 출판물은 저작권법에 의해 보호를 받는 저작물이므로
 무단 전재와 무단 복제를 할 수 없습니다.

*저자와의 협약 아래 인자는 생략되었습니다.